PAULO VI

EXORTAÇÃO APOSTÓLICA
SOBRE A ALEGRIA CRISTÃ

GAUDETE IN DOMINO

AO EPISCOPADO, AO CLERO
E AOS FIÉIS DE TODO O MUNDO

Tradução da Tipografia Poliglota Vaticana

Direção geral: *Maria Bernadete Boff*
Coordenação editorial: *Noemi Dariva*
Gerente de produção: *Felício Calegaro Neto*

4ª edição – 2008
3ª reimpressão – 2018

Nenhuma parte desta obra poderá ser reproduzida ou transmitida por qualquer forma e/ou quaisquer meios (eletrônico ou mecânico, incluindo fotocópia e gravação) ou arquivada em qualquer sistema ou banco de dados sem permissão escrita da Editora. Direitos reservados.

Paulinas
Rua Dona Inácia Uchoa, 62
04110-020 – São Paulo – SP (Brasil)
Tel.: (11) 2125-3500
http://www.paulinas.com.br – editora@paulinas.com.br
Telemarketing e SAC: 0800-7010081

© Pia Sociedade Filhas de São Paulo – São Paulo, 1975

Veneráveis Irmãos e Diletos Filhos, Saúde e Bênção Apostólica

Alegrai-vos no Senhor, porque ele está perto de todos os que o invocam com sinceridade[1].

Já por diversas vezes, no decorrer deste Ano Santo, exortamos o Povo de Deus a corresponder com uma solicitude alegre à graça do Jubileu. O nosso convite, como vós sabeis, deseja ser, essencialmente, um apelo à renovação interior e à reconciliação em Cristo. De certa maneira, depende disso a salvação dos homens e a sua felicidade em sentido pleno. Neste tempo, quando em todo o mundo os cristãos se preparam para celebrar a vinda do Espírito Santo, nós vos convidamos a implorar dele o dom da alegria.

É verdade que o ministério da reconciliação, pelo que nos diz respeito, se exerce no meio de numerosas contradições e dificuldades[2]; no entanto, tal ministério é suscitado e acompanhado em nós pela alegria do Espírito Santo. Assim, com toda a verdade nós podemos repetir e fazer nossa, em relação à Igreja universal, a confidência do apóstolo são Paulo

---

[1] Cf. Fl 4,45; Sl 145,18.
[2] Cf. nossa Exortação Apostólica *Paterna cum benevolentia,* em *AAS 67 (1975),* pp. 5-23.

à sua comunidade de Corinto: "Vós estais em nossos corações, para juntos vivermos e juntos morrermos. É grande a franqueza que uso convosco... Estou cheio de consolação, estou inundado de alegria no meio de todas as nossas tribulações"[3] Sim: igualmente para nós é uma exigência de amor que nos leva a convidar-vos a compartilhar esta alegria superabundante, que é um dom do Espírito Santo[4].

Nós experimentamos, portanto, como que uma ditosa necessidade interior de vos dirigir, no decorrer deste Ano Santo — e com muita oportunidade nesta altura de Pentecostes — uma Exortação Apostólica, cujo tema fosse, precisamente, a alegria cristã, a alegria no Espírito Santo. Será como que uma espécie de hino à alegria divina, que nós gostaríamos de entoar para que esse mesmo hino encontrasse um eco no mundo inteiro, e, mais ainda, na Igreja: que a alegria se derrame nos corações, juntamente com o amor de que ela é o fruto, pelo Espírito que nos foi dado[5]. Deste modo, desejaríamos que a vossa voz se unisse à nossa, para a consolação espiritual da Igreja de Deus, bem como de todos aqueles que queiram tornar-se cordialmente atentos a esta celebração.

---

[3] 2Cor 7,3-4.
[4] Cf. Gl 5,22.
[5] Cf. Rm 5,5.

I

A NECESSIDADE DE ALEGRIA NO CORAÇÃO DE TODOS OS HOMENS

Não poderíamos exaltar convenientemente a alegria cristã se permanecêssemos insensíveis ante o testemunho exterior e interior que Deus Criador dá de si mesmo na sua criação: "E Deus viu que isso era bom"[6]. Ao fazer surgir o homem no meio do universo — que é obra do seu poder, da sua sabedoria e do seu amor — Deus, antes mesmo de manifestar-se pessoalmente a ele mediante a revelação, dispôs a inteligência e o coração da sua criatura para o encontro da alegria e, ao mesmo tempo, da verdade. Convém, portanto, ficar atentos ao apelo que brota do coração da pessoa, logo a partir de sua infância, tornando-a capaz de maravilhar-se, até a velhice serena, como uma expressão do mistério divino.

Não sucede, porventura, que, ao despertar para o mundo, o homem experimenta, junto com o desejo natural de o compreender e de chegar a ter dele o domínio, aquele outro desejo, de aí vir a encontrar a própria realização e a própria felicidade? No entanto, como se sabe, existem diversos graus nesta "feli-

[6] Gn 1,10.12.18.21.25.31.

cidade". A sua expressão mais elevada é a alegria, ou "felicidade", no sentido estrito da palavra, quando o homem, ao nível das suas faculdades superiores, encontra a sua satisfação na posse de um bem conhecido e amado[7]. Assim, o homem experimenta a alegria quando se encontra em harmonia com a natureza, e, sobretudo, no encontro, na partilha e na comunhão com o outro. Com muito mais razão, pois, chegará ele a conhecer a alegria e a felicidade espiritual, quando o seu espírito entra na posse de Deus, conhecido e amado como o bem supremo e imutável[8]. Poetas, artistas e pensadores, bem como outros homens ou mulheres, simplesmente abertos a certa luz interior, puderam e podem ainda agora experimentar algo da alegria de Deus. E isso tanto pelo que se refere ao tempo antes de Cristo, como ao nosso tempo e no meio de nós.

Mas, como deixar de reconhecer também que a alegria é sempre imperfeita, frágil e ameaçada? Por um paradoxo estranho, a própria consciência daquilo que, para além de todos os prazeres transitórios, constituiria a verdadeira felicidade, inclui sempre a certeza também de que não existe aí felicidade perfeita. A experiência da finidade, que cada geração repete por si mesma, obriga a verificar e a ex-

[7] Santo Tomás, *Summa Theologica,* I-II, q. 31, a 3.
[8] Idem, ibidem, II-II, q. 28, a 1 et 4.

plorar a distância imensa que existe sempre entre a realidade e o desejo de infinito.

Esse paradoxo e essa dificuldade em alcançar a alegria tornam-se pungentes de modo especial nos dias de hoje. É essa a razão da nossa mensagem. A sociedade tecnológica teve a possibilidade de multiplicar as ocasiões de prazer; no entanto ela também encontra grandes dificuldades em experimentar a alegria. Pois esta provém de outra fonte. A alegria é espiritual. Assim, o dinheiro, o conforto, o bem-estar e a segurança material, muitas vezes não faltam; e, apesar disso, o tédio, o mau humor e a tristeza, infelizmente, continuam sendo a sorte de muitos. E não raro isto chega ao ponto de tornar-se angústia e desespero, que a aparente ausência de cuidados, o frenesi da felicidade presente e os paraísos artificiais não conseguem eliminar. Será que, acaso, o mundo se sente impotente para dominar o progresso industrial e para planificar de maneira humana a sociedade? Ou será, talvez, o futuro que se apresenta por demais incerto e a vida humana ameaçada? Ou não se tratará, sobretudo de solidão, de uma sede de amor e de presença não satisfeita, de um vazio mal definido? Pelo contrário em muitas regiões e, por vezes, mesmo entre nós, o peso de sofrimentos físicos e morais torna-se penoso: tantos faminto s e tantas vítimas de combates estéreis e tantos desenraizados! Estas misérias não são, talvez, mais profundas do que as do passado; hoje, porém, elas tomam uma dimensão planetária; elas são melhor conhecidas, ilustradas pelos meios de comunicação social, ao menos tanto como experiências de felicidade; elas acabrunham as consciências, sem lhes apresentar, normalmente uma solução humana adequada.

Apesar de tudo, tal situação não nos há de impedir de falar da alegria, de esperar pela alegria. Pelo contrário, é na infelicidade que as pessoas do nosso tempo precisam conhecer a alegria e ouvir o seu cântico. Nós nos compadecemos profundamente do sofrimento daqueles sobre os quais a miséria e os sofrimentos de toda espécie lançam um véu de tristeza. Nós nos preocupamos, de modo especial, por aqueles que se encontram sem recursos, sem auxílio e sem amigos, e que vêem as próprias esperanças humanas desvanecidas. Eles estão, mais do que nunca, presentes na nossa oração e no nosso afeto. É certo que nós não queremos desalentar ninguém. Antes, pelo contrário, procuramos os meios que lhes possam trazer uma luz. E tais meios, a nosso ver, pertencem a três categorias.

Todos os homens, como deles se espera, devem conjugar esforços para se conseguir pelo menos um mínimo de desafogo, de bem-estar, de segurança e de justiça indispensáveis à felicidade das numerosas populações que de tais bens ainda carecem. Tal ação de solidariedade é já obra de Deus e corresponde ao mandamento de Cristo. Mais ainda, ela promove a paz, faz renascer a esperança, fortalece a comunhão, desperta para a felicidade e a alegria, tanto da parte daquele que dá, como da parte daquele que recebe, porque há maior felicidade em dar do que em receber[9]. Quantas e quantas vezes, irmãos e filhos caríssimos, nós vos exortamos, quanto a isto, a preparar, com ardor, uma terra mais habitável e mais fraterna, a tornar mais realidade, sem delongas, a justiça e a caridade, para um desenvolvimento integral de todos! A Constituição conciliar *Gaudium et Spes,* assim como numerosos outros documentos pontifícios, têm vindo a insistir neste ponto. Apesar de não ser esse o tema que aqui vamos desenvolver, ao menos diretamente, que estejamos bem de sobreaviso para não descurar este dever primordial do amor ao próximo, sem o qual não nos seria oportuno falar de alegria.

Seria necessário também um paciente esforço de educação para aprender ou então reaprender a saborear simplesmente as múltiplas alegrias humanas que o Criador coloca, já agora, ao longo dos nossos caminhos: alegria exultante da existência e da vida; alegria do amor honesto e santificado; alegria pacificadora da natureza e do silêncio; alegria, por vezes austera, do trabalho feito com diligência; alegria e satisfação do dever cumprido; alegria trans-

---

[9] Cf. At 20,35.

parente da pureza, do serviço e da partilha; alegria exigente do sacrifício etc. O cristão poderá purificá-las, completá-las e sublimá-las: mas nunca poderá menosprezá-las. A alegria cristã supõe uma pessoa capaz de experimentar alegrias naturais. Pois foi a partir delas que, muitas vezes, Cristo anunciou o reino de Deus.

Mas o tema da nossa Exortação Apostólica situa-se em nível superior. O problema, na realidade, se nos afigura, ser, sobretudo, de ordem espiritual. É o homem, na sua própria alma, que se encontra desprovido para poder assumir os sofrimentos e as misérias do nosso tempo. Elas provocam nele um desalento tanto maior, quanto mais ele sente que lhe escapa o sentido da vida ou na medida em que não está seguro de si mesmo, nem da sua vocação e do seu destino transcendentes. Ele "dessacralizou" o universo e, agora, a humanidade; algumas vezes, cortou mesmo o vínculo vital que o unia a Deus. O valor dos seres e a esperança, para ele, não se acham suficientemente assegurados. Deus parece-lhe algo abstrato e inútil: sem que ele o saiba exprimir, o silêncio de Deus torna-se pesado para ele. Pois a frieza e as trevas encontram-se antes de mais nada, no coração do homem que experimenta a tristeza.

E, neste ponto, referimo-nos à tristeza daqueles que não crêem em Deus. Quer dizer: quando o Espírito humano, criado à imagem e semelhança do mesmo Deus — e, por conseguinte, orientado instintivamente para ele como para o seu bem supremo e único — fica sem o conhecer claramente e sem o amar, e por isso mesmo sem experimentar a alegria que traz consigo o mesmo conhecimento de Deus, ainda que imperfeito, e a certeza de ter com ele, um vínculo que nem a própria morte conseguirá romper. Quem não recorda as palavras de Santo Agostinho: "Criaste-nos para vós, Senhor, e o nosso coração estará inquieto até que não repouse em vós"[10]. Daí decorre que o homem só poderá experimentar a verdadeira alegria espiritual quando se afastar do pecado e viver na presença de Deus. A carne e o sangue são, sem dúvida, incapazes disso[11]. Mas a revelação pode abrir esta perspectiva e a graça pode operar esta conversão. A nossa intenção, precisamente, é convidar-vos a vir conosco até às fontes da alegria cristã. E, como poderíamos fazer isso, sem nos colocarmos abertamente ante o desígnio de Deus, e à escuta da Boa-Nova do seu amor?

---

[10] Santo Agostinho, *Confessionum lib.* I, 1: *CSEL, 33, P. 1.*
[11] Cf. Mt 16,17.

II

ANÚNCIO DA ALEGRIA CRISTÃ NO ANTIGO TESTAMENTO

A alegria cristã é, por essência, participação espiritual na alegria insondável, ao mesmo tempo divina e humana, que está no coração de Jesus Cristo glorificado. Logo que Deus Pai começou a manifestar na história o seu benévolo desígnio que ele de antemão estabelecera em Jesus Cristo, para o realizar depois, na plenitude dos tempos [12], começa a anunciar-se esta alegria, misteriosamente, no seio do povo de Deus, se bem que a sua identidade não seja ainda desvendada.

Assim, nosso pai, Abraão, eleito na previsão do cumprimento futuro da Promessa, e esperando contra toda esperança, recebe, quando do nascimento de seu filho Isaac, as primícias proféticas dessa alegria [13]. Ela será depois como que transfigurada, mediante uma experiência de morte, quando esse filho único lhe foi restituído vivo, prefiguração da ressurreição daquele que havia de vir: o Filho único de Deus prometido para o sacrifício redentor. Abraão

---

[12] Cf. Ef 1,9-10.
[13] Cf. Gn 21,1-7; Rm 4,18.

exultou com o pensamento de ver o dia de Cristo, o dia da salvação: ele "viu-o e rejubilou"[14].

A alegria da salvação amplia-se e comunica-se, seguidamente, ao longo da história profética do antigo Israel. E ela permanece e renasce, indefectivelmente, por meio de trágicas provações devidas às infidelidades culpáveis do povo eleito e às perseguições externas, que pretendiam afastá-lo do seu Deus. Essa alegria, sempre ameaçada e renascente, é característica do povo nascido de Abraão.

Trata-se sempre de uma exaltante experiência de libertação e de restauração — pelo menos anunciadas — que tem como origem o amor misericordioso de Deus para com o seu povo muito amado, em favor do qual ele realiza, por pura graça e potência miraculosa, as promessas da aliança. Tal é a alegria da Páscoa mosaica, que se tornou figura da libertação escatológica que seria realizada por Jesus Cristo, no contexto pascal da nova e eterna aliança. Trata-se também da alegria sempre bem atual, cantada amiúde pelos salmos: a alegria de viver com Deus e para Deus. Trata-se, enfim e, sobretudo, da alegria gloriosa e sobrenatural, profetizada em favor da nova Jerusalém resgatada do exílio e amada pelo próprio Deus, com um amor místico.

[14] Jo 8,56.

O sentido último de tão grande profusão de amor redentor só poderá ser manifestado na nova Páscoa e no novo Êxodo. Então o povo de Deus será conduzido, pela morte e ressurreição do Servo sofredor, deste mundo para o Pai, da Jerusalém figurativa deste mundo para a Jerusalém celeste: "Em lugar de seres como antes, abandonada, odiada, sem visitantes, farei de ti o orgulho dos séculos, a alegria de todas as gerações... Assim como o jovem desposa uma virgem, assim te desposará o teu construtor; e a alegria que o esposo experimenta pela esposa, experimenta-la-á por ti o teu Deus"[15].

---

[15] Is 60,15; 62,5; cf. Gl 4,27; Ap 21,1-4.

III

A ALEGRIA SEGUNDO O NOVO TESTAMENTO

Tais promessas maravilhosas (do Antigo Testamento), durante séculos e no meio das mais terríveis provações, fizeram com que se mantivesse a esperança mística do antigo Israel. E foi este que as transmitiu à Igreja de Jesus Cristo, de maneira que nós lhe somos devedores de alguns dos mais puros acentos do nosso canto de alegria. Mas, não obstante, segundo a fé e a experiência cristã do *Espírito*, esta paz dada por Deus e que se difunde como uma torrente que transborda, quando chega o tempo da "consolação"[16]; está ligada à vinda e à presença de Cristo.

Ninguém é excluído da alegria trazida pelo Senhor. A grande alegria anunciada pelo Anjo, na noite de Natal, é verdadeiramente para todo o povo[17]: para o de Israel que esperava então ansiosamente por um Salvador, bem como para a multidão inumerável de todos aqueles que, no decorrer dos tempos, virão a acolher a sua mensagem e a esforçar-se por vivê-la. Antes de todos os demais, a Virgem Maria, que ti-

---
[16] Cf. Is 40,1; 66,12.
[17] Cf. Lc 2,10.

nha recebido o anúncio dessa alegria do anjo Gabriel; e o seu "Magnificat" constituía já o hino de exultação de todos os humildes. Os mistérios gozosos, todas as vezes que nós recitamos o Rosário, tornam a colocar-nos, assim, perante o acontecimento inefável que é o centro e o ápice da história: a vinda à terra do Emanuel, do Deus conosco. João Batista, que tinha por missão indicá-lo a Israel em expectativa, havia ele mesmo exultado de alegria, pela sua presença, ainda no seio de sua mãe[18]. E quando Jesus começou o seu ministério, o mesmo Batista "sente a alegria mais viva com a voz do Esposo"[19].

Detenhamo-nos agora uns momentos a contemplar a pessoa de Jesus, no decorrer da sua vida terrena. Na sua humanidade ele teve a experiência das nossas alegrias. Ele conheceu, apreciou e celebrou realmente, de maneira clara, toda uma gama de alegrias humanas, dessas alegrias simples do dia-a-dia, que estão ao alcance de todos. A profundidade da sua vida interior não enfraqueceu o sentido do concreto do seu olhar, nem sua sensibilidade geral. Assim, ele admirou as avezinhas do céu e os lírios do campo. Ele sintonizou, sempre, o seu próprio modo de ver com o olhar de Deus para a sua criação, nos alvores da história. Ele exalta de bom grado a alegria do semeador e do que procede à colheita, assim como

[18] Cf. Lc 1,44.
[19] Jo 3,29.

a do homem que acha um tesouro escondido, a do pastor que reencontra a sua ovelha desgarrada, ou a da mulher que volta a encontrar a moeda que havia perdido; igualmente, a alegria dos convidados para o banquete, a alegria das bodas, a do pai que acolhe o filho que regressa de uma vida de pródigo e a da mulher que acaba de dar à luz uma criança... Essas alegrias têm tanto mais consistência para Jesus, enquanto para ele elas são sinais das alegrias espirituais do reino de Deus: alegria por parte dos homens que entram para tal reino, dos que a ele voltam ou aí trabalham; e alegria por parte do Pai que os acolhe. E o próprio Jesus, por sua vez, manifesta a sua satisfação e ternura, quando contacta com as criancinhas que desejam aproximar-se bem dele, quando encontra um jovem rico que tem aspirações de mais, fundadas no ser fiel e solícito no cumprimento dos deveres, quando está com os amigos que lhe colocam ao dispor a própria casa, como Marta, Maria e Lázaro. A sua felicidade transparece, sobretudo por ver bem acolhida a Palavra, os possessos libertos, uma mulher pecadora ou um publicano como Zaqueu converterem-se, uma pobre mulher viúva que tira da sua indigência algo para dar. E exulta de alegria ao verificar que os pequeninos recebem a revelação do reino, que permanece escondido para os sábios e inteligentes[20]. Sim: por isso mesmo que "Cristo viveu a

[20] Cf. Lc 10,21.

nossa condição humana, em tudo igual a nós, exceto no pecado"[21]. Ele aceitou e experimentou as alegrias afetivas e espirituais, como um dom de Deus. E ele não se concedeu descanso, e tudo fez para que fosse anunciada a Boa-Nova aos pobres e a alegria aos oprimidos[22]. O Evangelho de Lucas testemunha de modo especial este contínuo semear·a alegria. Os milagres de Jesus, as suas palavras de perdão são outros tantos sinais da bondade divina: "E todo o povo se alegrava com todas as coisas insignes que ele realizava"[23] e glorificava a Deus. Para o cristão, como para o mesmo Jesus, importa que viva em contínua ação de graças ao Pai, pelas alegrias humanas que o Criador lhe concede.

Neste ponto, é preciso, porém, captar bem o segredo da alegria insondável que estava em Jesus Cristo, e que lhe é própria. É, sobretudo o Evangelho de João que levanta um pouco o véu de tal segredo, ao referir-nos as palavras ditas em intimidade pelo Filho de Deus feito homem. Se Jesus, de fato, irradia tanta serenidade, segurança, alegria e disponibilidade, é por causa do amor inefável com que ele sabe ser amado pelo seu Pai. No seu batismo, às margens do Jordão, esse amor, presente desde o primeiro instante da sua encarnação, então se manifesta: "Tu és

---

[21] *Oração Eucarística* IV; cf. Hb 4,15.
[22] Cf. Lc 4,18.
[23] Lc 13,17.

o meu Filho amado; em ti eu me comprazo"[24]. Esta certeza era inseparável da consciência de Jesus. Era uma presença que nunca o abandonava[25]; e um conhecimento íntimo que o enche completamente: "O Pai conhece-me e eu conheço o Pai"[26]. É uma permuta incessante e total: "Tudo o que é meu é teu, e tudo o que é teu é meu"[27]. O Pai outorgou ao Filho o poder de julgar, bem como o de dispor da vida. É uma habitação recíproca: "Eu estou no Pai e o Pai está em mim"[28]. Em retribuição, o Filho consagra ao Pai um amor sem limites: "Eu amo o Pai e faço como o Pai me ordenou"[29]. Ele faz sempre aquilo que é do agrado do Pai: isso constitui o seu "alimento"[30]. A sua disponibilidade vai até ao ponto de dar a sua vida humana; e a sua confiança até ao viver a certeza de a retomar: "O meu Pai me ama, porque eu dou a minha vida, para retomá-la depois"[31]. Neste sentido, ele regozija-se por ir para o Pai. E nisto não se tratava para Jesus de uma tomada de consciência efêmera. E a repercussão, na sua consciência de homem, do amor, daquele amor que ele experimentou

[24] Lc 3,22.
[25] Cf. Jo 10,32.
[26] Jo 10,15.
[27] Jo 17,10.
[28] Jo 14,10.
[29] Jo 14,31.
[30] Cf. Jo 8,29; 4,34.
[31] Jo 10,17.

sempre como Deus, no seio do Pai: "Tu me amaste antes da fundação do mundo"[32]. Existe aqui uma relação de amor incomunicável, que se confunde com a sua existência de Filho e que é o segredo da vida trinitária: o Pai aparece aí como aquele que se dá ao Filho, sem reservas nem intermitências, num impulso de generosidade jubilosa; e o Filho, como aquele que se dá do mesmo modo ao Pai, com um impulso de gratidão alegre, no Espírito Santo.

Donde, os discípulos, bem como todos os demais que vierem a acreditar em Cristo, são chamados a participar desta alegria. Jesus deseja que eles tenham em si próprios a sua mesma alegria em plenitude:[33] "Eu dei-lhes a conhecer o teu nome e dá-lo-ei a conhecer ainda, para que o amor com que me amaste esteja neles e eu esteja neles"[34].

Esta alegria de permanecer no amor de Deus começa já aqui, a partir deste mundo. É a alegria do reino de Deus. No entanto, ela é concedida enquanto se percorre ainda um caminho íngreme, caminhada que requer uma confiança total no Pai e no Filho e, ao mesmo tempo, uma preferência dada ao reino. A mensagem de Jesus promete, antes de todas as outras alegrias, esta alegria exigente; não começa tal mensagem, precisamente, pelas bem-aventuranças? "Bem-

[32] Jo 17,24.
[33] Cf. Jo 17,13.
[34] Jo 17,26.

aventurados vós, os que sois pobres, porque é vosso o reino de Deus. Bem-aventurados vós, os que tendes agora fome, porque sereis saciados. Bem-aventurados vós, os que chorais agora, porque haveis de rir"[35].

O próprio Cristo, misteriosamente, para desenraizar do coração do homem o pecado de auto-suficiência, ao mesmo tempo em que demonstra para com o Pai uma obediência filial sem divisão alguma, aceita morrer pela mão dos ímpios"[36], morrer sobre uma cruz. No entanto, o Pai não consentiu que a morte o retivesse em seu poder. A ressurreição de Jesus é o selo colocado pelo Pai sobre o valor do sacrifício de seu Filho; é, ademais, a prova da fidelidade do Pai, de acordo com o voto formulado por Jesus antes de iniciar a sua paixão: "Pai, chegou a hora: glorifica o teu Filho, para que o teu Filho te glorifique"[37]. E, desde então, Jesus está vivo para sempre, na glória do Pai; e foi por isso mesmo que os discípulos ficaram possuídos por uma grande alegria que não lhes pode ser tirada, ao ver o Senhor, na tarde do dia de Páscoa.

Assim, sucede que, neste mundo, a alegria do reino tornado realidade não pode brotar senão da celebração conjunta da morte e da ressurreição do Senhor. É o aspecto paradoxal da condição cristã,

[35] Lc 6,20-21.
[36] Cf. At 2,23.
[37] Jo 17,1.

que ilumina de maneira singular o da condição humana considerada em geral: nem as provações, nem os sofrimentos são eliminados deste mundo; mas, tais coisas assumem um sentido novo, sob a luz da certeza de que podem ser participação na redenção operada pelo Senhor, e meio para vir a compartilhar a sua glória. É baseado nisto que o cristão, sujeito embora às dificuldades da existência comum não se vê reduzido a ter de procurar o seu caminho como que às apalpadelas, nem a ver na morte o acabar das suas esperanças. Como anunciava, efetivamente, o profeta: "O povo que caminhava na escuridão viu um grande clarão; sobre os que habitavam na região tenebrosa começou a brilhar a luz. Como é grande o júbilo que causastes e enorme a alegria![38] O conhecido "Exsultet" pascal canta um mistério realizado para além daquilo que eram as esperanças proféticas; no anúncio jubiloso da ressurreição, o próprio penar do homem se acha transfigurado, ao mesmo tempo que brota a plenitude da alegria da vitória do Crucificado, do seu Coração transpassado, do seu Corpo glorificado e dissipa as trevas das almas: "Et nox illuminatio mea in deliciis meis"[39].

A alegria pascal não é somente a de uma transfiguração possível: é a alegria da nova presença de Cristo ressuscitado, ao dar aos seus o Espírito Santo,

---

[38] Is 9,1-2.
[39] *Praeconium paschale*.

para que ele fique com eles. O Espírito Paráclito é dado assim à Igreja, como princípio inexaurível da sua alegria de esposa de Cristo glorificado. E ele recordar-lhe-á, mediante o ministério de graça e de verdade exercido pelos sucessores dos Apóstolos, os próprios ensinamentos do Senhor. E será ele, ainda, a suscitar no seu seio a vida divina e o apostolado.

E o cristão sabe que esse Espírito jamais será extinto, no decorrer da história. A fonte da esperança que brotou com o Pentecostes nunca virá a exaurir-se.

O Espírito que procede do Pai e do Filho, dos quais é o amor mútuo vivo, é comunicado, assim, ao povo da nova aliança e a cada uma das pessoas que demonstre estar disponível para a sua ação íntima. Ele faz de nós a sua morada: "dulcis hospes animae"[40]. Com ele, o coração do homem é habitado pelo Pai e pelo Filho[41]. O Espírito Santo suscita aí uma oração filial, que brota do mais profundo da alma e se exprime no louvor, na ação de graças, na reparação e na súplica. E então nós podemos saborear a alegria propriamente espiritual, que é um fruto do mesmo Espírito Santo[42]; essa alegria consiste em o espírito humano experimentar repouso e satisfação íntima na posse de Deus, Trindade Santíssima, conhecido pela fé e amado pela caridade que promana dele. Esta

[40] Seqüência da festa de Pentecostes.
[41] Jo 14,23
[42] Cf. Rm 14,17; Gl 5,22.

alegria caracteriza, por isso, todas as virtudes cristãs. As humildes alegrias humanas, que se encontram ao longo dos nossos caminhos, como sementes de uma realidade mais alta, são transfiguradas. Entretanto, aqui neste mundo, essa alegria incluirá sempre, de alguma forma, a dolorosa experiência da mulher a braços com os trabalhos do parto, e um certo abandono aparente, comparável ao dos órfãos: choros e lamentações, enquanto que o mundo ostentará uma falsa satisfação. No entanto, a tristeza dos discípulos, que é segundo Deus e não segundo o mundo, virá a mudar-se repentinamente numa alegria espiritual que ninguém lhes arrebatará[43].

Tal é o estatuto da existência cristã e, de maneira muito particular, da vida apostólica. Esta, por ser animada por um amor instante do Senhor e dos irmãos, desenrola-se necessariamente sob a marca do sacrifício pascal, indo, movida pelo amor, até à morte, e pela morte passará à vida e ao amor. Donde, a condição do cristão e, em primeiro lugar, do apóstolo, que há de tornar-se "modelo do rabanho"[44] e associar-se livremente à paixão do Redentor. Ela corresponde deste modo àquilo que foi definido no Evangelho como a lei da bem-aventurança cristã, em continuidade com a sorte que tocou os profetas: "Bem-aventurados sois vós, quando, por minha cau-

---

[43] Cf. Jo 16,20-22; 2Cor 1,4; 7,4-6.
[44] 1Pd 5,3.

sa, vos injuriarem e vos perseguirem e disserem, falsamente, contra vós toda espécie de mal. Alegrai-vos e exultai, porque será grande nos céus a vossa recompensa. Foi assim que perseguiram os profetas que viveram antes de vós"[45].

Não nos faltam, infelizmente, muitas ocasiões para verificar, neste nosso tempo tão ameaçado pela ilusão da falsa felicidade, a incapacidade do homem "animal" para acolher "as coisas que são do Espírito de Deus: para ele não passam de estultícia, e não pode entendê-las, por ser somente por meio do Espírito que devem ser julgadas"[46]. O mundo — aquele mundo que é incapaz de receber o Espírito de Verdade, que ele não vê nem conhece — não percebe senão um aspecto das coisas. Ele considera apenas a aflição e a pobreza do discípulo, enquanto que este permanece sempre, no mais íntimo de si mesmo, na alegria, porque ele está em comunhão com o Pai e com seu Filho Jesus Cristo.

[45] Mt 5,11-12.
[46] 1Cor 2,14.

IV

A ALEGRIA
NO CORAÇÃO DOS SANTOS

Tal é, irmãos e filhos caríssimos, a jubilosa esperança haurida precisamente nas fontes da Palavra de Deus. De há vinte séculos que esta fonte não cessou de manar na Igreja e, de maneira especial, no coração dos santos. Importa, pois, apontar seguidamente alguns ecos dessa experiência espiritual: ela ilustra, segundo a diversidade dos carismas e das vocações particulares, o mistério da alegria cristã.

Em primeiro plano aparece a Virgem Maria, cheia de graça, a Mãe do Salvador. Ao acolher o anúncio do Céu, serva do Senhor, esposa do Espírito Santo e mãe do Filho eterno, ela deixa expandir a própria alegria diante da sua prima Isabel que enaltece a sua fé: "A minha alma glorifica ao Senhor, e o meu espírito exulta de alegria em Deus, meu Salvador... Desde este momento hão de me chamar ditosa todas as gerações"[47]. Ela havia aprendido, melhor do que todas as demais criaturas, que Deus opera maravilhas: o seu nome é santo, ele demonstra a sua misericórdia, exalta os humildes e é fiel às suas pro-

[47] Lc 1,46-48.

messas. De maneira nenhuma se há de dizer que o desenrolar-se da sua vida, aparentemente, sai da trama ordinária; mas ela medita os menores sinais de Deus, repensando-os no seu coração. Nem se diga que lhe foram poupados os sofrimentos: ela encontrou-se junto da cruz, de pé, associada eminentemente ao sacrifício do Servo inocente, mãe das dores. Mas ela foi também sumamente aberta à alegria da ressurreição; e foi elevada, também ela, em corpo e alma, à glória do céu. Primeira criatura redimida imaculada desde o momento da sua conceição, morada incomparável do Espírito, habitáculo puríssimo do Redentor dos homens, ela é ao mesmo tempo a Filha amadíssima por Deus e, em Cristo, a Mãe universal. Ela é o tipo perfeito da Igreja terrestre e glorificada. Que ressonância maravilhosa têm na sua existência singular de Virgem de Israel as palavras proféticas concernentes à nova Jerusalém: "Intensamente me alegro no Senhor, a minha alma exulta no meu Deus, porque me vestiu com as vestes da salvação e me envolveu com o manto da justiça, como um esposo que cinge um diadema, e como uma esposa que se adorna com os seus ornamentos"[48]. Junto a Cristo, ela recapitula todas as alegrias, ela vive a alegria perfeita prometida à Igreja: "Mater plena sanctae laetitiae" (Mãe repleta de santa alegria); com razão, pois, os seus filhos da terra ao voltarem-se para aquela

---

[48] Is 61,10.

que é mãe da esperança e mãe da graça, a invocam como a causa da sua própria alegria: "Causa nostrae laetitiae" (Causa da nossa alegria).

E depois de Maria Santíssima, nós encontramos a expressão da alegria mais pura e mais inflamada, naqueles de quem se pode dizer que abraçaram a Cruz de Jesus com o amor mais fiel: nos mártires, aos quais o Espírito Santo, mesmo no meio da provação, inspira uma expectativa apaixonada da vinda do Esposo. Santo Estêvão, ao morrer, vendo os céus abertos, é o primeiro da série inumerável daqueles que testemunharam Cristo. E quantos serão aqueles que, nos nossos dias também, e em diversos países, arriscam tudo por Cristo, e que poderiam afirmar como o mártir santo Inácio de Antioquia. "É com plena vida que eu vos escrevo, desejando morrer. As minhas aspirações terrenas foram crucificadas, e não existe já em mim entusiasmo para amar a matéria. Mas existe, sim, uma água viva que murmura e diz dentro de mim: vem para o Pai"[49].

Assim, a coragem da Igreja, a certeza da sua vitória e a sua alegria, quando se faz a celebração do combate dos mártires, provêm-lhe do fato de ela contemplar neles a gloriosa fecundidade da Cruz. Foi por isso que o nosso predecessor São Leão Magno,

---

[49] Santo Inácio de Antioquia, *Epistula ad Romanos,* VII, 2: *Patres Apostolici,* ed. FUNK, I, Tubingae, 1901, p. 261. Cf. Jô,4-10; 7,38; 14,12.

ao exaltar, desta Sede Romana, o martírio dos santos Apóstolos Pedro e Paulo, pôde escrever: "É preciosa aos olhos de Deus a morte dos seus santos e nenhuma espécie de crueldade poderá destruir uma religião fundada no mistério da Cruz de Cristo. A Igreja não fica diminuída, mas sim aumentada, pelas perseguições; e o campo do Senhor cobre-se sem cessar de uma mais rica messe, quando os grãos, que aí caíram sozinhos, renascem multiplicados [50].

Existem no entanto diversas moradas na casa do Pai e, para aqueles a quem o Espírito Santo inflama os corações, muitas maneiras de morrer para eles mesmos e de ter acesso à santa alegria da ressurreição. A efusão do sangue não é a via única. Contudo, o combate pelo reino comporta sempre, necessariamente, o atravessar de uma paixão de amor, de que os mestres espirituais têm feito excelentes explanações. E aqui neste ponto as suas experiências interiores convergem, não obstante a própria diversidade das tradições místicas, tanto no Oriente como no Ocidente. Elas atestam uma idêntica caminhada da alma, "per crucem ad lucem" (pela cruz à luz) e deste mundo para o Pai, sob o influxo do sopro vivificante do Espírito.

Cada um destes mestres espirituais nos legou uma mensagem sobre a alegria. Entre os Padres do Oriente, são numerosos os testemunhos dessa alegria

---

[50] São Leão Magno, *Sermo* LXXXII, *in Natali apostolorum Petri et Pauli,* VI: PL 54, 426. Cf. Jo 12,24.

no Espírito. Orígenes, por exemplo, descreveu com freqüência a alegria daqueles que atingem o conhecimento íntimo de Jesus: "As suas almas ficam então inundadas da alegria semelhante à do velho Simeão.

No templo, que é a Igreja, eles estreitam Jesus em seus braços. E sentem o júbilo da plenitude da salvação por terem nos braços precisamente aquele no qual Deus se reconcilia com o mundo"[51]. Na Idade Média, entre muitos outros, há um autor espiritual do Oriente, Nicolas Cabasilas, que se esforça por demonstrar como é que o amor de Deus só por si provoca a maior alegria[52]. No Ocidente bastará citar os nomes de alguns dentre aqueles que fizeram escola no caminho da santidade e da alegria: santo Agostinho, são Bernardo, são Domingos, santo Inácio de Loyola, são João da Cruz, santa Teresa de Ávila, são Francisco de Sales, são João Bosco etc.

Quereríamos, porém, evocar aqui, especialmente, três figuras de santos, muito atraentes ainda hoje para o conjunto do povo cristão. É, em primeiro lugar, o Pobrezinho de Assis, do qual numerosos peregrinos do Ano Santo se esforçam por seguir as pegadas. Tendo deixado tudo pelo Senhor, ele pôde encontrar, graças à santa pobreza, algo da beatitude original, como quando o mundo saiu intacto das mãos do Criador. No

---

[51] Orígenes, *in Lucam* Hom. XV: PG 13, 1838-1839.
[52] N. Cabasilas, *De Vita in Christo,* VII: pp. 150, 703-715.

despojamento mais extremo e já quase cego ele pôde irromper no inolvidável *Cântico das Criaturas,* cantar os louvores do irmão sol e da natureza inteira que se tornara para ele como que transparente e puro espelho da glória divina, e até mesmo a alegria perante a vinda da "nossa irmã morte corporal": "Felizes aqueles que (à hora da morte) forem encontrados de acordo com a vossa santíssima vontade...".

Em tempos mais próximos de nós, santa Teresa de Lisieux indica-nos a via corajosa do abandono nas mãos de Deus, a quem confia a própria pequenez. E isso, apesar de ela não ignorar a sensação da ausência de Deus, da qual o nosso século, à sua maneira, faz a dura experiência: "Por vezes afigura-se à avezinha (a que ela se compara) não acreditar que exista mais coisa alguma, para além das nuvens que a envolvem... É então o momento da perfeita alegria, para a pobre criaturinha fraca... Que felicidade para ela permanecer ali, apesar de tudo, e fixar a luz invisível que se subtrai à sua fé!" [53].

E como deixar de recordar, por fim, imagem luminosa para a nossa geração, o exemplo do bem-aventurado Maximiliano Kolbe, autêntico discípulo de são Francisco? No meio das mais trágicas experiências que tingiram de sangue a nossa época, ele oferece-se voluntariamente para morrer, a fim de sal-

---

[53] Lettre 175, *Manuscrits autobiographiques,* Lisieux, 1956, B 5r.

var um irmão desconhecido; e as testemunhas referem-nos que a sua serenidade e a sua alegria tornaram, de algum modo, o local de sofrimento — que era habitualmente considerado como que uma imagem do inferno — tanto para seus companheiros como para ele próprio, a antecâmara da vida eterna.

Na vida dos filhos da Igreja, uma tal participação na alegria do Senhor não é separável da celebração do Mistério eucarístico, no qual eles são alimentados e dessedentados pelo Corpo e Sangue do mesmo Senhor. E, bem sustentados, assim, quais viandantes na estrada da eternidade, eles recebem já, sacramentalmente, as primícias da alegria escatológica.

Enquadrada em tal perspectiva, a alegria vasta e profunda, difundida já a partir deste mundo no coração dos verdadeiros fiéis, não pode deixar de aparecer senão como "algo de si mesmo difusivo", do mesmo modo que a vida e o amor de que ela é um ditoso sintoma. Esta alegria resulta de uma comunhão humano-divina, e aspira constantemente por uma comunhão cada vez mais universal. Ela não poderia de maneira alguma constituir incitamento para aquele que a saboreasse em certa atitude de debruçar-se somente sobre si próprio. Ela confere, de fato, ao coração uma abertura católica para o mundo dos homens, ao mesmo tempo que o punge com a nostalgia dos bens eternos. Ela faz com que os fiéis cristãos aprofundem a consciência da sua condição de exílio; mas defende-os da tentação de desertar o local do próprio combate pelo advento do reino. Ela faz com que eles se desembaracem, ativamente, no sentido de alcançar a consumação celeste das núpcias do Cordeiro. Ela é algo que leva a estar serena e fortemente aplicado entre o instante do trabalho terrestre e a paz da Morada eterna, em conformidade com a lei da gravitação do Espírito: "Se já a partir de agora — pelo fato de haver recebido estes penhores (do Espírito filial) — nós exclamamos "Abba, Pai!", o que não será quando, depois de ressuscitados, nós o virmos face a face? Ou seja, quando todos os membros, em ondas transbordantes, fizerem brotar um hino de exultação, a glorificar aquele que os tiver ressuscitado dentre os mortos e premiado com a vida eterna. Se, na verdade, já os simples penhores, ao envolverem em si mesmos o homem, com todo o seu ser, o fazem exclamar "Abba, Pai!", o que não lhe provocará a graça total do Espírito, uma vez outorgada ao homem pelo mesmo Deus? Ela nos tornará semelhantes a ele e será assim a realização da vontade do Pai, porque ela fará o homem à imagem e semelhança de Deus"[54]. E, já neste mundo, os santos dão-nos um antegozo desta semelhança.

---

[54] Santo Ireneu, *Adversus Haereses,* V, 8, 1: pp. 7, 1142.

V

UMA ALEGRIA
PARA TODO O POVO

Ao ouvirmos estas vozes múltiplas e consonantes dos santos, teremos nós, porventura, esquecido a condição presente da sociedade humana, aparentemente tão pouco voltada para os bens sobrenaturais? Teremos nós, quiçá, superestimado as aspirações espirituais dos cristãos deste nosso tempo? Teremos nós reservado a nossa Exortação para um pequeno número de sábios e inteligentes? Não podemos esquecer que o Evangelho foi anunciado em primeiro lugar aos pobres e aos humildes, com seu esplendor tão simples e com todo seu conteúdo.

Se nós evocamos um tal horizonte luminoso da alegria cristã, isso não foi de maneira alguma com o pensamento de desalentar quem quer que seja de entre vós, irmãos e filhos caríssimos, que sentis o coração dividido quando chega até vós o apelo de Deus. Muito pelo contrário, nós sentimos que a nossa alegria, assim como a vossa, não será completa senão quando olharmos juntos, e com plena confiança, na direção "daquele que é o autor e realizador da fé, Jesus, que em vez da alegria que lhe foi proposta, suportou a cruz, desprezando a vergonha, e se assentou à direita do trono de Deus. Considerai, pois, aquele que suportou tal contradição por parte dos pecadores, para não nos deixardes fatigar pelo desânimo."[55].

O chamamento dirigido por Deus Pai para participar plenamente na alegria de Abraão, no festim eterno das núpcias do Cordeiro, é uma convocação universal. Cada pessoa, desde que se torne atenta e disponível, poderá perceber esse chamamento no íntimo do próprio coração, de maneira muito particular neste Ano Santo, quando a Igreja torna manifesto mais generosamente a todos, os tesouros da misericórdia de Deus. "É que a promessa é para vós, bem como para todos os vossos filhos e para todos os que estão longe, quando o Senhor, nosso Deus, haverá de chamar"[56].

Nós não poderíamos pensar no povo de Deus de maneira abstrata. O nosso olhar dirige-se, antes de mais nada para o mundo das crianças. Na medida em que elas encontrarem no amor dos seus pais e parentes mais próximos a segurança de que têm necessidade, elas terão uma capacidade de acolhimento, de admiração, de confiança e de espontaneidade em dar. Elas estão aptas para a alegria evangélica. E quem quiser entrar no reino, diz-nos Jesus, deve antes de mais nada olhar para elas, como modelo[57].

---

[55] Hb 12,2-3.
[56] At 2,39.
[57] Cf. Mc 10,14-15.

Assim, nós temos a intenção de atingir, também todos aqueles que têm sobre os ombros a plena responsabilidade familiar, profissional e social. O peso dos seus encargos, num mundo extremamente inconstante, tira-lhes, com muita freqüência, a possibilidade de saborear as alegrias cotidianas. E estas, no entanto, existem. O Espírito Santo deseja ajudar a todos a redescobri-las, a purificá-las e a compartilhá-las.

Pensamos também no mundo dos que sofrem; e igualmente em todos aqueles que chegaram ao entardecer da vida. A alegria de Deus bate à porta dos seus sofrimentos físicos e morais, não certamente por uma ironia, mas sim para operar neles a sua obra paradoxal de transfiguração.

O nosso Espírito e o nosso coração voltam-se de igual modo para todos aqueles que vivem para além da esfera visível do povo de Deus. Ao orientarem a própria vida em conformidade com os apelos mais profundos da sua consciência, que é o eco da voz de Deus, eles acham-se já no caminho da alegria.

O povo de Deus, depois, não pode avançar em sua marcha sem ter quem o guie. E isso terão de fazer os pastores, os teólogos, os mestres espirituais, os sacerdotes e aqueles que com eles cooperam na animação das comunidades cristãs. A sua missão é a de ajudar os próprios irmãos a enveredar pelas sendas da alegria evangélica, no meio daquelas realidades que constituem as suas próprias vidas e de que eles não podem afastar-se.

Sim, é o amor imenso de Deus que chama a convergir na direção da Cidade celeste aqueles que vêm dos diversos pontos do horizonte, quer eles se encontrem já perto ou ainda longe, neste tempo do Ano Santo. E dado que todos estes convocados — nós todos, afinal — permanecem, de alguma forma, pecadores, importa que, hoje mesmo, deixem de endurecer o próprio coração e escutem a voz do Senhor, e assim acolham a proposta que lhes é feita do grande perdão, conforme o profeta Jeremias já anunciava: "Eu os purificarei de todas as suas faltas com que pecaram contra mim, eu perdoarei todas as faltas de que se tornaram culpados revoltando-se contra mim. E isso constituirá para mim motivo de alegria, de honra e de glória para todas as nações do mundo"[58].

É por isso mesmo que esta e tantas outras promessas de perdão assumem o seu sentido definitivo no sacrifício redentor de Jesus, o Servo sofredor; é ele, e ele somente, quem nos pode dizer, neste momento crucial da vida da humanidade: "Fazei penitência e crede na Boa-Nova"[59]. O Senhor deseja, sobretudo fazer-nos compreender que a conversão requerida não é, de maneira alguma, um retroceder, como sucede com o pecado. Mas, ao contrário, ela é um pôr-se em marcha e promoção na verdadeira li-

---

[58] Jer 33,8-9.
[59] Mc 1,15.

berdade e na alegria. Ela é, afinal, resposta a um convite que provém dele, amável, respeitoso e insistente ao mesmo tempo: "Vinde a mim todos os que estais cansados e sobrecarregados e eu vos aliviarei. Tomai sobre vós o meu jugo e aprendei de mim, porque sou manso e humilde de coração, e encontrareis descanso para as vossas almas"[60].

Que fardo mais acabrunhante, de fato, do que o do pecado? Que angústia mais solitária se pode imaginar do que a do filho pródigo, descrita pelo evangelista são Lucas? Em contraposição, que encontro comovedor aquele do Pai, paciente e misericordioso, e o do filho que voltou à vida? "Haverá mais alegria no céu por um só pecador arrependido do que por noventa e nove justos que não têm necessidade de arrependimento"[61]. Ora, quem, excetuando Cristo e a sua Mãe imaculada, é sem pecado? Assim, com o seu apelo a voltar para o Pai pelo arrependimento, o Ano Santo — promessa de júbilo para todo o Povo de Deus — é também um apelo para se reencontrar o sentido do sacramento da Reconciliação. Na esteira da mais legítima tradição espiritual, nós recordamos aos fiéis e aos seus pastores que a acusação dos pecados graves é necessária, e que a confissão freqüente continua a ser uma fonte privilegiada de santidade, de paz e de alegria.

[60] Mt 11,28-29.
[61] Lc 15,7.

VI

A ALEGRIA E A ESPERANÇA NO CORAÇÃO DOS JOVENS

Sem nada querer tirar ao fervor da nossa mensagem destinada a todo o povo de Deus em geral, desejamos, no entanto, tomar uns momentos para nos dirigirmos mais explicitamente ao mundo dos jovens. Fazemos isso com particular esperança.

Se, efetivamente, a Igreja regenerada pelo Espírito Santo, constitui, em certo sentido, a verdadeira juventude do mundo, desde que ela permaneça fiel ao seu ser e à sua missão, como não haveria ela de reconhecer-se, como que espelhada espontaneamente e de preferência na figura de quem se sente portador de vida e de esperança e encarregado de garantir o porvir da história presente? E, reciprocamente, como não haveriam aqueles que, em cada período desta história, se dão conta em si mesmos mais intensamente do impulso da vida, da expectativa daquilo que está para vir, da exigência das verdadeiras renovações, sentir-se secretamente em harmonia com uma Igreja assim, animada pelo Espírito de Cristo? Como não haveriam eles de esperar dela a comunicação do seu segredo de perene juventude, e, conseqüentemente, a alegria da sua própria juventude?

Nós estamos persuadidos de que assim sucede realmente: existe uma tal correspondência de direito e de fato, não sempre de maneira visível, mas certamente, em profundidade, apesar das muitas contrariedades contingentes. E é por isso que, nesta Exortação sobre a alegria cristã, a razão e o coração nos movem a voltar-nos resolutamente para os jovens deste nosso tempo. Nós o fazemos em nome de Cristo e da sua Igreja que ele quer, não obstante as fraquezas humanas, "resplandecente de glória, sem mancha, nem ruga, nem coisa alguma semelhante, para que seja santa e irrepreensível"[62].

Mais: ao fazer isto, nós não estamos cedendo a um culto sentimental. Considerada apenas sob o ponto de vista da idade, a juventude é algo de efêmero. A celebração que dela se faz torna-se bem depressa nostálgica e irrisória. O mesmo não sucede, porém, pelo que concerne ao sentido espiritual desse momento de graça que é a juventude, vivida autenticamente. O que retém a nossa atenção é essencialmente a correspondência, também ela, por certo, transitória e ameaçada, mas apesar disso significativa e rica de generosas promessas, entre estas duas coisas: o progresso, por um lado, de um ser que se abre naturalmente aos apelos e às exigências do seu alto destino de homem; e, por outro lado, o dinamismo do Espírito Santo, do qual a Igreja recebe inexauri-

[62] Ef 5,27.

velmente a sua própria juventude, a sua fidelidade substancial a si própria e, no âmago desta fidelidade, a sua vivente capacidade criadora. Do encontro entre o ser humano, que, durante alguns anos decisivos, possui a disponibilidade da juventude, e a Igreja, com a sua juventude espiritual permanente, surge de modo necessário, de uma e de outra parte, uma alegria preciosa e a promessa de fecundidade.

A Igreja, como povo de Deus peregrino em direção do reino futuro, há de poder renovar-se através das gerações humanas: isso constitui para ela uma condição de fecundidade, e até mesmo simplesmente de vida. É preciso, portanto, que em cada momento da sua história, a geração que sobe para a vida exalte, de algum modo, a esperança das gerações que a precederam, a própria esperança da Igreja, que é a de transmitir sem cessar o dom de Deus, Verdade e Vida. Por isso mesmo, em cada geração, os jovens cristãos têm que ratificar, com plena consciência e incondicionalmente, a aliança contraída por eles no sacramento do batismo e reforçada ainda mais no sacramento da confirmação.

A propósito disto, a época atual marcada por mudanças profundas, certamente, não se apresenta imune de graves dificuldades para a Igreja. Nós temos disso uma consciência bem viva, nós que temos, conjuntamente com o Colégio Episcopal, o "cuidado solícito de todas as Igrejas"[63] e a preocupação pelo seu futuro próximo. No entanto, nós consideramos ao mesmo tempo, apoiado na fé e na esperança que não desilude[64], que a graça não há de faltar ao povo cristão. E nós auguramos que este mesmo povo, por sua vez, não falhe na correspondência à graça e não renuncie, como alguns em nossos dias são gravemente tentados a fazer, à herança de verdade e de santidade que chegou até este momento decisivo da sua história secular. E assim — é disto precisamente que se trata — nós estamos convencidos de ter todas as razões para depositar confiança na juventude cristã: e ela própria não há de falhar em relação à Igreja, se na mesma Igreja se encontrarem bastante adultos capazes de a compreender, de a amar, de a orientar e de lhe desvendar perspectivas de futuro, transmitindo-lhe com toda a fidelidade a Verdade que não passa. E então sim, novos trabalhadores, decididos e ardorosos, entrarão por sua vez para o trabalho espiritual e apostólico, nos campos que já lourejam para a ceifa. E assim, semeador e ceifeiro compartilharão a mesma alegria do reino[65].

Afigura-se-nos, com efeito, que a presente crise do mundo, caracterizada por um grande desconcerto de numerosos jovens, denuncia por um lado,

[63] 2Cor 11,28.
[64] Cf. Rm 5,5.
[65] Cf. Jo 4,35-36.

um aspecto senil, absolutamente anacrônico, de uma civilização mercantilista, hedonista e materialista, que pretende, ainda assim, passar por portadora de futuro. Contra uma tal ilusão, a reação instintiva de numerosos jovens reveste-se, até mesmo nos seus exageros, de um certo significado. Esta geração está na expectativa de outra coisa diferente. Privada, não raro, de tradições tutelares, e amargamente desiludida, depois, pela vaidade e vazio espiritual das falsas novidades, das ideologias atéias, e de certos misticismos deletérios, não chegará ela a descobrir ou a reencontrar a novidade segura e inalterável do mistério divino revelado em Jesus Cristo? Este (Cristo) — segundo a bela formulação de santo Irineu — não nos trouxe todas as novidades, ao trazer-nos a sua própria pessoa?[66]

É por tudo isso que nos apraz, dedicar-vos, mais expressamente a vós, jovens cristãos deste nosso tempo, promessa da Igreja de amanhã, esta celebração da alegria espiritual. Nós vos exortamos de todo o coração a que estejais atentos aos apelos interiores que em vós surgem para vos interpelar. Nós instamos convosco para que levanteis os vossos olhos e os vossos corações, as vossas energias jovens, para os altos cumes, e para que aceiteis o esforço das ascensões da alma. E nós queremos deixar-vos com

[66] SANTO IRENEU, *Adversus Haereses*, IV, 34, 1: PG 7, 1083.

esta certeza: na medida em que pode ser debilitante o preconceito, hoje difundido por toda parte, da impotência em que se acharia o espírito humano para encontrar a Verdade permanente e vivificante, assim na mesma medida, é profunda e libertadora a alegria da Verdade divina reconhecida finalmente na Igreja: "gaudium de Veritate"[67]. É esta alegria assim que vos é proposta. Ela dá-se a quem a ama bastante para a procurar obstinadamente. Ao dispor-vos para a acolher e para a comunicar, vós estais garantindo a vossa própria realização segundo Cristo, e a próxima fase histórica do povo de Deus.

---

[67] SANTO AGOSTINHO, *Confessionum lib.* X, 23: CSEL, 33, p. 252.

VII

A ALEGRIA DO PEREGRINO NESTE ANO SANTO

Nesta caminhada de todo o povo de Deus insere-se, naturalmente, o Ano Santo, com a sua peregrinação. A graça do Jubileu, de fato, obtém-se a custo de um pôr-se a caminho e de uma marcha para Deus, na fé, na esperança e no amor. Ao diversificar os meios e os momentos deste Jubileu, nós quisemos facilitar para cada um aquilo que podia fazer. O essencial, entretanto, continua a ser a decisão interior de responder ao apelo do Espírito, de maneira pessoal, como discípulo de Jesus, como filho da Igreja católica e apostólica e segundo a intenção desta mesma Igreja. Tudo o mais pertence à esfera dos sinais e dos meios. Sim, a peregrinação desejada, para o povo de Deus no seu conjunto e para cada pessoa no seio deste povo, é um movimento, uma Páscoa, o mesmo que dizer, uma passagem para o aconchego da cela interior, onde o Pai, o Filho e o Espírito Santo o recebem na sua mesma intimidade e unidade divina: "Se alguém me ama, guardará as minhas palavras e meu Pai o amará, nós viremos a ele e nele estabeleceremos morada"[68]. Alcançar esta presença supõe

---

[68] Jo 14,23

sempre um aprofundamento da verdadeira consciência de si, como criatura e como filho de Deus.

Não seria uma renovação interior deste gênero, aquela que era desejada, fundamentalmente, pelo recente Concílio?[69] De qualquer maneira, há nela, com certeza, uma obra do Espírito, um dom de Pentecostes. Assim, tem que se reconhecer ter havido da parte do nosso predecessor, João XXIII, uma intuição profética quando previa uma espécie de novo Pentecostes, como fruto do mesmo Concílio[70]. Nós próprios quisemos colocar-nos na mesma perspectiva e adotar uma idêntica atitude de esperança.

Não quer dizer que o Pentecostes tenha alguma vez deixado de ser atual no decorrer da história da Igreja. Mas são tão grandes as necessidades e os perigos deste século, e são tão vastos os horizontes de uma humanidade que, por um lado, se sente impelida para a coexistência mundial e, por outro lado, se vê tão incapaz de a tornar realidade, que parece não haver para ela salvação senão numa nova efusão do Dom de Deus. Que venha, pois, o Espírito Criador a renovar a face da terra!

---

[69] Cf. PAULO VI, Discurso pronunciado na abertura da Segunda sessão do Concílio, a 29 de setembro de 1963: AAS 55 (1963), pp. 845 ss. Enc. *Ecclesiam suam:* em AAS 55 (1963), pp. 612, 614-618.

[70] JOÃO XXIII. Alocução pronunciada no ato de encerramento da primeira sessão do Concílio, a 8 de dezembro de 1962: AAS 55 (1963), pp. 38 ss.

Durante este Ano Santo, nós temos convidado que se faça, realmente, ou então em Espírito e intenção, uma peregrinação a Roma, ou seja, ao coração da Igreja Católica. Mas é por demais evidente que Roma não constitui a meta final da nossa peregrinação no tempo. Nenhuma cidade santa deste mundo constitui uma tal meta. Esta se encontra no além mundo, no mais profundo do mistério de Deus, para nós ainda invisível: porque caminhamos na fé, e não na visão clara, e aquilo que nós seremos não nos foi ainda revelado. A nova Jerusalém, da qual nós somos já desde agora cidadãos e filhos [71], é do alto que ela vem, de junto de Deus. E nós não contemplamos ainda o esplendor dessa única cidade definitiva; apenas o entrevemos como que num espelho e de maneira confusa, agarrando-nos com firmeza à palavra profética. No entanto desde agora somos cidadãos da mesma, ou somos convidados a tornar-nos tais; toda peregrinação espiritual recebe o seu significado interior deste destino último.

Assim sucedia com a Jerusalém celebrada pelos salmistas. O próprio Jesus e Maria, sua Mãe, cantaram sobre a terra, quando subiam para Jerusalém, os cânticos de Sião: "ideal beleza, alegria de toda a terra" [72]. No entanto é de Cristo, doravante, que a Jerusalém do alto deriva a sua força de atração; em direção a ele se dirige a nossa marcha interior.

[71] Cf. Gl 4,26.
[72] Sl 50,2; 48,3.

De igual modo sucede com Roma, onde os santos Apóstolos Pedro e Paulo deram, com o próprio sangue, o seu último testemunho. A vocação de Roma é de origem apostólica; e o ministério que aí nos é dado exercer é um serviço em favor da Igreja inteira e da humanidade. É, porém, um serviço insubstituível, porque aprouve à Sabedoria divina colocar a Roma de Pedro e de Paulo no caminho, por assim dizer, que conduz à Cidade eterna, pelo fato de essa Sabedoria divina ter querido confiar a Pedro, que em si unifica o Colégio Episcopal, as chaves do reino dos céus. Assim, aquilo que aqui permanece, não em virtude da vontade do homem, mas por livre e misericordiosa benevolência do Pai, do Filho e do Espírito Santo, é a *soliditas Petri* (a solidez de Pedro), conforme a celebrava, em termos inolvidáveis, o nosso predecessor são Leão Magno: "Pedro não cessa de presidir do alto da sua Sede; e conserva uma comparticipação incessante com o Sumo Pontífice eterno. A firmeza que ele recebe da Pedra que é Cristo, ao tornar-se ele mesmo Pedro, transmite-a por sua vez aos seus herdeiros; e assim, onde quer que apareça alguma firmeza, manifesta-se de maneira indubitável o vigor do Pastor (...) Donde, o estar em seu pleno vigor e vida, no Príncipe dos Apóstolos, aquele amor de Deus e dos homens que não conseguiram nunca amedrontar nem a reclusão em masmorras, nem as cadeias, nem as pressões das multidões, nem as ameaças dos reis; e o mesmo sucede com a sua fé invencível, que jamais cedeu no combate, nem se debilitou com a vitória"[73].

É nosso desejo, pois, que em todo o tempo, mas, mais ainda durante a celebração católica do Ano Santo, possais experimentar, juntamente conosco, seja em Roma, seja em qualquer outra Igreja consciente do dever de sintonizar-se com a autêntica tradição conservada em Roma[74], "como é bom e como é agradável habitar todos juntos, como irmãos"[75].

Alegria comum, verdadeiramente sobrenatural, dom do Espírito de unidade e de amor, que só é possível, na verdade, onde a pregação da fé for acolhida integralmente, segundo a norma apostólica. Porque esta fé, a Igreja católica, "embora dispersa pelo mundo inteiro, guarda-a com cuidado, como se habitasse numa única casa, e crê nela unanimemente, como se tivesse uma só alma e um só coração; e, com uma concordância perfeita, proclama-a, ensina-a e transmite-a, como se falasse por uma só boca"[76].

"Uma só casa", "um só coração e uma só alma" e "uma só boca": aí estão as coisas indispensáveis à Igreja e à humanidade no seu conjunto, para que

---

[73] São Leão Magno, *Sermo XCVI, De Natali ipsius sermo V in anniversario assumptionis suae ad Pontificatum,* 4: PL 54, 155-156.

[74] Cf. Santo Ireneu, *Adversus Haereses,* III, 3,2: PG VII, 848-849.

[75] Sl 133,1.

[76] Idem, ibidem, III, 3, 2, PG VII.

possa elevar-se constantemente aqui na terra, em harmonia com a Jerusalém do alto, o cântico novo, o hino da alegria divina. E é esta a razão pela qual nós mesmos devemos ser fiel de maneira humilde, paciente e obstinada, ainda que tenha de ser no meio da incompreensão de muitos, ao encargo recebido do Senhor, de guiar o seu rebanho e de confirmar os irmãos[77]. E acontece que, nos sentimos confortado nós próprio, de muitas maneiras, por nossos irmãos, pelo pensamento grato de todos, para cumprir a nossa missão apostólica de serviço da Igreja universal, para a glória do Pai!

[77] Cf. Lc 22,32.

CONCLUSÃO

No decorrer deste Ano Santo, que já vai em meio, nós pensamos ser fiel às inspirações do Espírito Santo, ao pedir aos cristãos que voltem deste modo às fontes da alegria.

Irmãos e filhos caríssimos: não será normal que a alegria habite dentro de nós, quando os nossos corações contemplam ou descobrem de novo, na fé, os seus motivos fundamentais? E estes motivos são simples, aliás: tanto amou Deus o mundo, que lhe deu o seu Filho único. Pelo seu Espírito, a sua presença não cessa de envolver-nos na sua ternura e de nos impregnar com a sua vida; e nós caminhamos para a transfiguração ditosa das nossas existências, seguindo rumo à ressurreição de Jesus. Sim, seria muito estranho que esta Boa-Nova que provoca os aleluias da Igreja, não nos desse um semblante de pessoas salvas!

A alegria de ser cristão, vinculado à Igreja, "em Cristo", em estado de graça de Deus, é algo capaz verdadeiramente de encher o coração humano. Não será esta exultação profunda a que dá um acento comovedor ao Memorial de Pascal: "Alegria, alegria, alegria, lágrimas de alegria"? E bem próximo de nós, quantos escritores conseguem exprimir com uma formulação nova — nós pensamos, por exemplo, em Georges Bernanos — esta alegria evangélica dos humildes, que transparece por toda parte, num mundo que fala do silêncio de Deus?

A alegria nasce sempre de uma certa maneira de olhar para os homens e para Deus: "Se os teus olhos forem puros, todo o teu corpo será também iluminado"[78]. Nós tocamos aqui a dimensão original e inalienável da pessoa humana: a sua vocação para a felicidade passa sempre pelas sendas do conhecimento e do amor, da contemplação e da ação. Oxalá possais atingir aquilo que há de melhor na alma dos vossos irmãos, bem como esta presença divina, tão próxima do coração humano!

Que os nossos filhos inquietos de certos grupos rejeitem, pois, os excessos da crítica sistemática e aniquiladora! Sem ser necessário abandonar uma visão realista, que as comunidades cristãs se tornem centros de otimismo, em que todos os membros se exercitem vigorosamente no discernir o aspecto positivo das pessoas e dos acontecimentos! "A caridade... não se alegra com a injustiça, mas congratula-se com a verdade: tudo desculpa, tudo crê, tudo espera e tudo suporta"[79].

A educação dessa maneira de olhar não é apenas questão de psicologia. Ela é também um fruto do

---

[78] Lc 11,34.
[79] 1Cor 13,6-7.

Espírito Santo. Este Espírito que habitava em plenitude na pessoa de Jesus, e o tornava, durante a vida terrena, tão atento às alegrias da vida cotidiana, tão delicado e tão persuasivo para reconduzir os pecadores ao caminho de uma nova juventude de coração e de Espírito! E é o mesmo Espírito que animava a Virgem Maria e todos os santos. Ele, o mesmo Espírito continua a dar, hoje ainda, a tantos e tantos cristãos, a alegria de viver dia a dia a sua vocação particular, na paz e na esperança que ultrapassam as vicissitudes da vida e os sofrimentos. É este Espírito de Pentecostes que impele, ainda nos dias de hoje, numerosíssimos discípulos de Cristo pelos caminhos da oração, na alegria de um louvor filial, assim como para o serviço humilde e alegre, dos deserdados e dos que se acham postos à margem da nossa sociedade. A alegria, de fato, não pode deixar de compartilhar com outrem. No próprio Deus tudo é alegria porque tudo é dom.

Este olhar positivo para os homens e para as coisas, fruto do espírito humano iluminado e fruto do Espírito Santo, encontra entre os cristãos um lugar privilegiado de fortalecimento: a celebração do mistério pascal de Jesus. Na sua paixão, morte e ressurreição, Cristo recapitula em si a história do homem todo e de todos os homens, com seu peso de sofrimentos e de pecados, assim como com suas possibilidades de superar-se e de santidade. Por isso, exatamente, a nossa última palavra nesta Exortação vai, qual apelo instante, para todos os responsáveis e animadores das comunidades cristãs: que não deixem de insistir oportuna e inoportunamente na alegre fidelidade dos batizados na celebração da Eucaristia dominical. Como poderiam eles, de fato negligenciar este encontro, este banquete que Cristo nos prepara com o seu amor? E que a participação em tal celebração seja ao mesmo tempo digna e festiva! É Cristo crucificado e glorificado que passa entre os seus discípulos para os conduzir consigo e todos juntos na renovação da sua ressurreição. É o ápice, aqui neste mundo, da aliança entre Deus e o seu povo: sinal e fonte da alegria cristã e preparação para a festa eterna.

Que o Pai, o Filho e o Espírito Santo a ela vos conduzam! É o que desejamos, ao abençoar-vos, de todo o coração.

Dado em Roma, junto de São Pedro, aos 9 de maio de 1975, duodécimo ano do nosso Pontificado.

PAULUS PP. VI

SUMÁRIO

Convite à alegria 5

I. A necessidade de alegria no coração de todos os homens 7

II. Anúncio da alegria cristã no Antigo Testamento 15

III. A alegria segundo o Novo Testamento .. 19

IV. A alegria no coração dos santos 31

V. Uma alegria para todo o povo 39

VI. A alegria e a esperança no coração dos jovens 45

VII. A alegria do peregrino neste Ano Santo 51

Conclusão 57

Impresso na gráfica da
Pia Sociedade Filhas de São Paulo
Via Raposo Tavares, km 19,145
05577-300 - São Paulo, SP - Brasil - 2018